Juguemos con Pintura

Ivan Bulloch & Diane James

PRINCETON ■ LONDON

www.two-canpublishing.com

Publicado en los Estados Unidos y Canadá por
Two-Can Publishing LLC
234 Nassau Street
Princeton, NJ 08542

Para más información sobre libros y multimedia Two-Can,
llame al teléfono 1-609-921-6700, fax 1-609-921-3349
o consulte nuestro sitio Web http://www.two-canpublishing.com

Director de Arte Ivan Bulloch
Editora Diane James
Diseñador asistente Peter Clayman
Ilustradora Emily Hare
Fotógrafo Daniel Pangbourne
Modelos Courtney, Natalia, Shelby, Jonathan,
Grant, Abigail, Stephanie
Traducción al español Susana Pasternac

'Two-Can' es una marca registrada de Two-Can Publishing.
Two-Can Publishing es una división de Zenith Entertainment plc,
43-45 Dorset Street, London W1U 7NA

HC ISBN 1-58728-502-9
SC ISBN 1-58728-504-5

Impreso en España por Graficromo S.A.

1 2 3 4 5 6 7 8 9 10 04 03 02

3120900070323U

Contenido

¡plif, plaf!

Te sorprenderá saber cuántas cosas puedes hacer con pinturas y pinceles. Pero algunos proyectos son un poquito desordenados, y necesitarás algunas otras cosas más: un delantal y algunas hojas de diario. ¡En un día soleado puedes pintar afuera!

Un montón de ideas para probar... ¡diviértete!

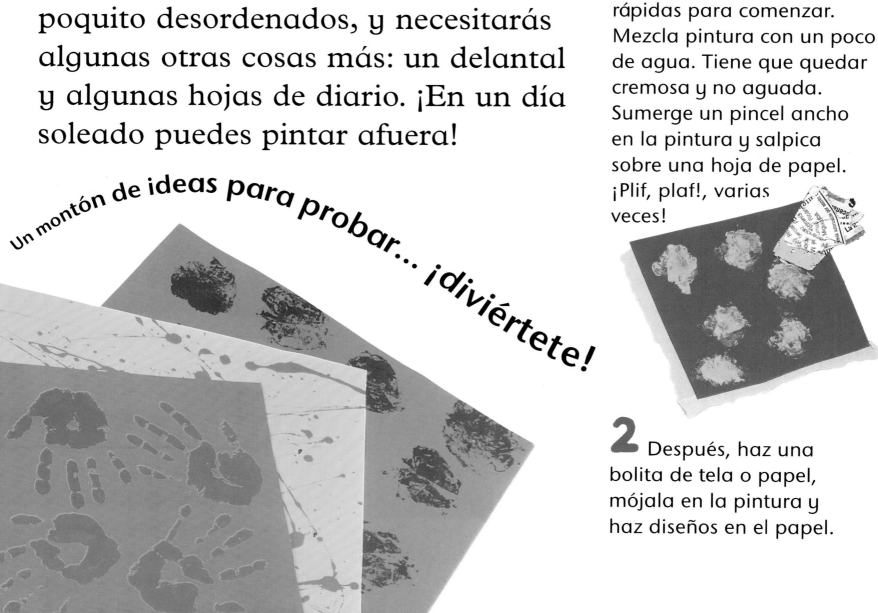

1 Prueba estas ideas rápidas para comenzar. Mezcla pintura con un poco de agua. Tiene que quedar cremosa y no aguada. Sumerge un pincel ancho en la pintura y salpica sobre una hoja de papel. ¡Plif, plaf!, varias veces!

2 Después, haz una bolita de tela o papel, mójala en la pintura y haz diseños en el papel.

¡No me des la mano!

3 Ahora pinta la palma de tu mano con pintura espesa. Apóyala en una hoja de papel y levántala para hacer una impresión perfecta. ¡Haz muchas más!

Da vuelta a la página y sigue pintando...

5

pintura rápida

Haz tus propios sellos para imprimir y decora algunas hojas de papel en blanco. ¡Cuando quieras envolver un regalo, ya tendrás el papel preparado! Prueba con papel de diario, de seda, de estraza y otros.

Diseños con esponjas y cuerdas

1 Elige una forma simple que te guste. Dibújala en un pedazo de esponja de cocina con un marcador grueso.

2 Recorta la forma en la esponja y pégala a un pedazo de cartón con pegamento que resista al agua. Éste es tu primer sello. ¡Haz muchos más!

¡No adivinarás nunca lo que hay adentro!

3 Dale a un cordón la forma que te guste y pégalo a un pedazo de cartón. Haz otros sellos para imprimir pegando formas de pasta seca.

4 Para imprimir, cubre uno de los sellos con pintura espesa. Oprime el sello sobre un papel y tendrás tu primera impresión. ¡Felicitaciones! Haz muchas más.

7

piedras coloridas

Con piedras y guijarros pintados se pueden hacer muchas cosas. Pueden servir de pisapapeles, mantener puertas abiertas, decorar tu cuarto y hasta agregar un poco de alegría a tu jardín.

¿Qué haremos con ellas?

1 Cuando salgas a pasear, junta piedras de diferentes tamaños. Pero, cuida de no molestar a las criaturas que viven debajo. También puedes comprar piedras en tiendas de jardinería.

2 Lava las piedras primero. Cuando estén secas dibuja en ellas. Pinta el primer color y deja que se seque.

8

¿Cuál te gusta más?

3 Pinta cada color por turno, dejando que se seque cada capa. Haz dibujos simples. Si quieres poner tus piedras al aire libre, cúbrelas con una capa de barniz.

9

¡cucú!

¡Escóndete detrás de una de estas divertidas máscaras y nadie sabrá quién eres! Luego saca la cabeza y da a tus amigos una gran sorpresa.

1 Busca un pedazo de cartón. Pide a un adulto que corte una forma un poco más grande que tu cabeza , y luego corta dos agujeros para los ojos. También necesitarás un palo largo. Dibuja algo al frente de tu máscara.

¡Qué sorpresa!

10

2 Pinta tu máscara de varios colores. Espera a que se seque cada capa de color.

3 Pinta rayas en el palo. Cuando esté seco, pégalo por detrás de la máscara.

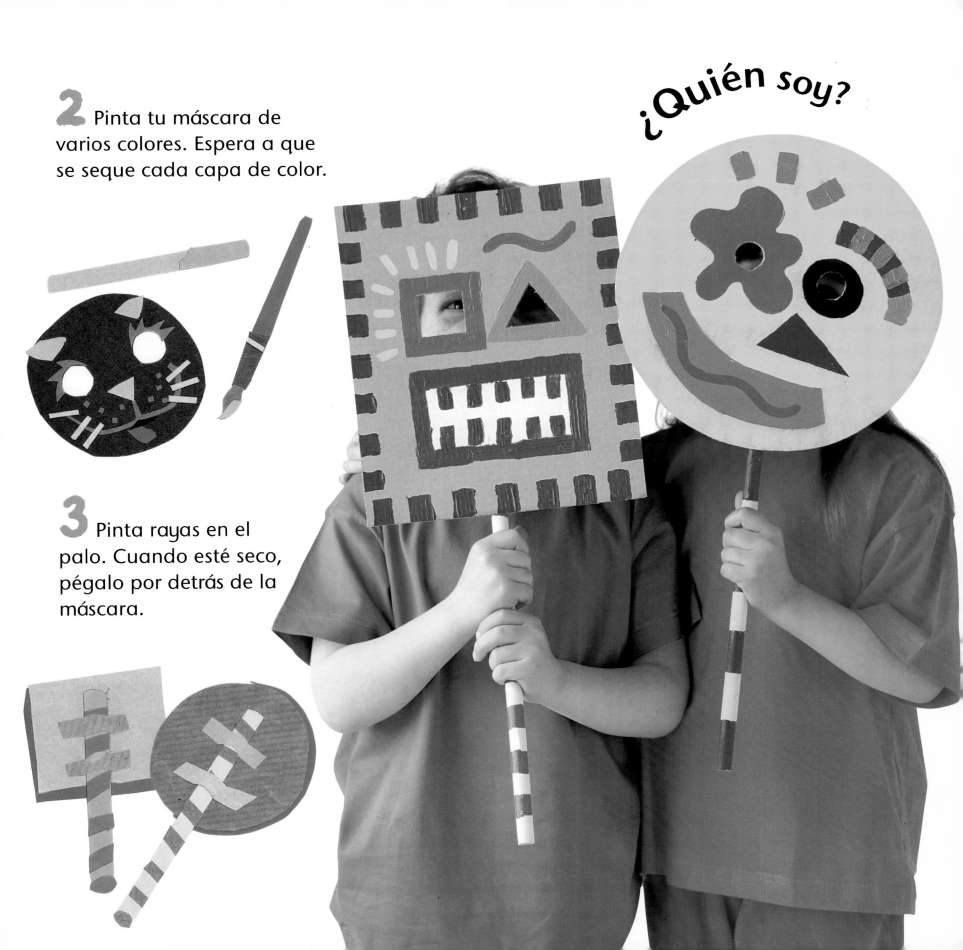

¡ponle un marco!

¡Pintaste una obra maestra!
¡Ahora necesita un marco
igual de espectacular!
Así se hace.

¡Muuu!

2 Mezcla un poco de
harina y agua para hacer
engrudo. Rompe papel de
diario en tiritas.

3 Pega con el engrudo
tus pedazos de papel sobre
el marco, de los dos lados.
Con dos o tres capas será
un marco resistente.

1 Pide a un adulto que corte
un marco en un cartón.
La abertura deberá ser más
pequeña que el papel de tu
dibujo, pero no debe taparlo.

12

¡Qué lindo retrato!

4 Cuando el papel esté seco puedes pintarlo. Usa un color o crea diseños con todos los colores que quieras.

5 Espera que la pintura se seque y pega tu dibujo por detrás del marco. ¡Haz muchos marcos e invita a tus amigos a una exhibición de arte!

macetas bonitas

La próxima vez que regales una planta, sorprende decorando la maceta con colores vivos. Elige una maceta de terracota y comienza a pintar. ¡Haz una para ti también!

2 Quizás te sea más fácil pintar la maceta boca abajo. Pinta el primer color usando tus marcas como guías.

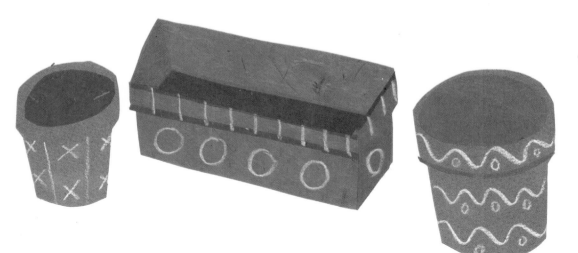

1 Hay macetas de todas las formas y tamaños: alargadas, pequeñas y enormes. Elige un diseño y dibújalo en la maceta con una tiza. ¡Haz dibujos sencillos!

3 Cuando esté seca, agrega el siguiente color. Usa una brocha gruesa para que sea más rápido. Protege la maceta con una capa de barniz.

¡Ésta la hicimos especialmente para ti!

tigre feroz

¡Tú también puedes divertirte como los animalitos! Transfórmate en un tigre feroz y rugiente o en cualquier otro animal en un segundo.

¡Grrrrr!

1 Corta un pedazo grande de cartulina o papel duro, como para cubrir tu torso. Decide qué animal quieres ser y pinta el color de fondo primero.

2 Agrega manchas o rayas de diferentes colores. Usa algunas de las ideas de impresión rápida de este libro.

16

3 Corta una tira de cartulina de 2 pulgadas (4 centímetros) de ancho. Que sea lo bastante larga como para pasar por tu cuello y unir los dos lados de tu cuerpo de animal.

4 Con cinta adhesiva o pegamento une cada punta de la tira de cartulina a tu cuerpo de animal. Pasa el lazo por la cabeza. Píntate la cara y entra en acción de un brinco.

tarjetas ingeniosas

He aquí un truco muy bueno que te ahorrará mucho tiempo si quieres hacer más de un dibujo de la misma cosa. Se llama esténcil. ¡Úsalo para hacer tarjetas para todos tus amigos!

¡Quiquiriquí!

1 Haz un dibujo sencillo sobre una cartulina. Recorta la forma que está en el centro. Necesitarás que te ayude un adulto.

2 Dobla un pedazo de papel de color —más grande que tu esténcil— para hacer la tarjeta. Usa cinta adhesiva para poner el esténcil al centro de tu tarjeta.

18

¡Unos toquecitos más!

3 Con una esponja o un pincel especial para esténcil con pelos cortos y duros, pinta dando golpecitos. Deja que la pintura se seque.

4 ¡Despega el esténcil y verás tu pintura! Puedes usarlo una y otra vez.

19

bloques

Haz monstruos coloridos, estaciones espaciales o cualquier otra cosa que se te ocurra con tus propios bloques gigantes. Junta todo tipo de recipientes, tubos y cajas y comienza a pintar.

2 Pinta tus cajas y tubos completamente con el primer color. Quizás tengas que pintarlas de nuevo cuando la pintura se seque para un color liso fuerte.

1 Junta una buena cantidad de cajas vacías. Asegúrate de que estén limpias y secas. Quizás tengas que mojarlas antes para sacarles las etiquetas.

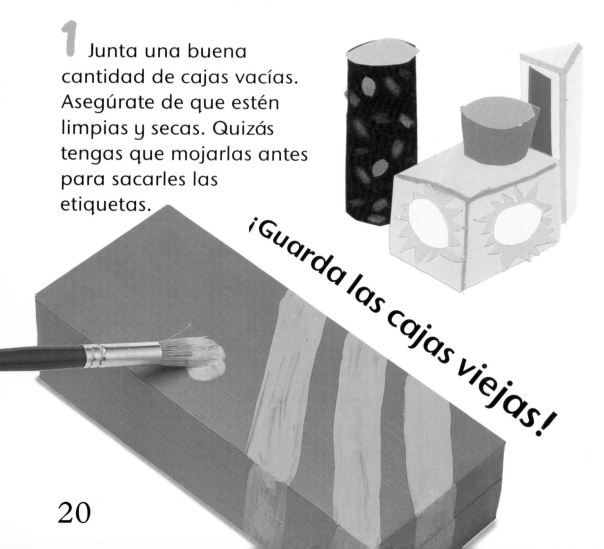

¡Guarda las cajas viejas!

3 Ahora, agrega otro color pintando con esponja o salpicando pintura. Cuando se seque puedes comenzar a construir cosas.

¡Lo pongo aquí!

¡A que no te atreves!

pared pintada

Para hacer una pintura gigante, necesitarás algunos amigos. Usa cualquier tipo de papel para el fondo, incluso diarios viejos o papel de envolver.

saca tus pinturas y tus pinceles

1 Elige un tema para tu pintura. Invita a tus amigos a trazar sobre papel los contornos de sus figuras con trazos negros gruesos. También puedes usar marcadores.

2 Pide a tus amigos que pinten las figuras de colores vivos. Pueden agregar diseños, ¡cuánto más alegre mejor! Deja que la pintura se seque.

3 Corta por el contorno. Pega con cinta adhesiva las hojas de papel sobre la pared y pega encima las figuras. Escribe el nombre de tus amigos sobre ellas.

consejos y trucos

He aquí algunos de nuestros trucos preferidos para ayudarte con tus pinturas.

1 Compra pinturas en envases que se puedan oprimir.

2 Pinta las grandes zonas de color primero. Agrega los detalles después que se seque.

3 Cubre tu espacio de trabajo con diarios. Así no se ensuciará.

4 Cuando uses pegamento o barniz, lee primero las instrucciones en la botella o tubo. Así usarás correctamente y con seguridad esas substancias.

5 Guarda envases de yogur vacíos. Te serán útiles para guardar pinceles. Las tapas son buenas para mezclar la pintura.

6 Cuida mucho tus pinceles. Lávalos y sécalos bien después de usarlos.

24